Les ambassades du vide

The embassies of the void

Las embajadas del vacío

Francis Coffinet

James W. Haenlin *English translation*

Myriam Montoya *Spanish translation*

THE CRICKET PUBLISHER OF AURORA

AURORA, NEW YORK

Published by
The Cricket Publisher of Aurora
261 Main Street, Aurora, NY 13026

ISBN-10: 1-7923-2395-6
ISBN-13: 978-1-7923-2395-9

Design: paperwork

French and Spanish texts reproduced with permission
by Editions «L'oreille du Loup»

Les ambassades du vide

Nulle maison n'est bâtie, nul plan n'est tracé, où la perte future ne soit la pierre de base, et ce n'est point dans nos oeuvres que vit la part impérissable de nous-mêmes.

Ernst Jünger, *Sur les falaises de marbres*

Mes oeuvres ne sont que les cendres de mon art.

Yves Klein

Les distances sont abolies
nos frères ont plongé leur regard dans la source
la fleur de l'oeil à peine cueillie
avec le feu dans un seul doigt
pointé vers les ambassades du vide.

F. C., *L'argile des voyous*

Le même diagramme moléculaire s'inscrit dans la chair
   de deux êtres distants

fins rhizomes de l'un à l'autre

aqueducs du sens

floraisons

entrée dans la stratosphère du nerf et du sourire —

puis froissement de paille —

tombée dans le jour —   saccage

et plus rien pendant plusieurs passages de comète.

Puis à nouveau: la rotation,

                l'élan, la traversée des forêts —

le triangle réapparait sur ta joue

le voeu, qui était resté dans la part arrêtée de ton geste,

                                                se repositionne.

Par la pression d'un doigt sur ta paupière

je guide ton voyage

toutes les mers vers l'Est

toutes les mers vers l'Ouest —

constellation digitale

une étoile fluide dans tes veines

me guide vers le pôle.

Je n'ai jamais pris appui ailleurs que sur le vertige:

courts-circuits cérébraux, passages des pollens sous
  l'aile des rapaces,

tracés des destins sous l'aisselle —

la mandorle se dilate et se rétracte au rythme de
  ton souffle —

j'appelle par le rêve les milliards d'atomes de ton épaule —

la grande fleur quantique te respire,

la paix vibrante des jardins t'encercle

et tous s'unissent dans le même geste.

Je travaille au fer rouge

à la bible des lèvres —

le doute féconde le doute —

ma vie: une lame que je glisse dans l'effroi

une incision que j'approche de ce pli

      situé derrière ton oreille.

Tu es une terre tant de fois nommée

que je ne t'appelle plus maintenant que par scarification.

Tu lis le monde sur la peau du fruit,
sur la membrane pulpeuse des toxiques

dans le plus grand silence tu franchis le mur du son

les bras tendus tu entres dans un brouillard d'abeilles

danse en apesanteur
tu tournes sur toi même
chorégraphie utérine
le sabbat blanc
puis les premières roses du sang.

Parlant bas
je réduis la combustion du germe

je lis le temps aplani:
bandelettes appliquées contre ta peau,
carte tirée de chacun de tes muscles.

Enraciné dans l'attente
je reste des jours entiers
face à l'énigme blanche du cerisier —
mes rêves parfaitement solubles dans la lumière,
la douleur entre mes mains comme un oiseau.

La nuit est aussi dense à ton cou qu'à ta cheville

il y a des feux sous la terre qui consument l'inverse —

le sommeil dans la formule.

Le savoir manipule sans hasard nos vertiges

les radiations se succèdent dans l'ordre de la gamme

on utilise des pseudonymes pour avancer dans le réel —

les âmes et les corps tournoient à hauteur de nos épaules

lent mouvement de méduse —

toutes les voies marines, tous les courants du monde
  se jettent dans mon sang

chaque mot prononcé fait varier la trame même
  de ma peau —

la promesse comme une mine dans la substance
  du regard.

Une à une les cellules s'éveillent dans le quartz

chants d'oiseaux dans ta moelle épinière —

j'extrais du silence

de longues colonnes minérales —

lecture du quaternaire et du sel sur le sable,

oscillations des petites rides magnétiques.

L'oeil et la nuit émettent sur la même fréquence —

lutte dans le câblage des omoplates —

les chantiers se dressent

les pensées d'équinoxe et les trilles de l'alouette

                                        croisent le fil —

la grêle crible les devises et les blasons —

l'air ne nous donne la vie que par à-coups.

Le chemin avance en lui-même

crispation de pupille

        éboulement de paupière

je revois écrite la formule algébrique de la douleur

j'apaise cette torsion presque mécanique qui
   nous cerne l'oeil.

        Le noir sous le temps —

la nuit plus que l'air inonde nos poumons —

je sais que l'un de tes organes bloque le savoir

je parle à hauteur de ton nombril

je réduis la combustion, je pose mes lèvres sur le chiffre

j'ouvre la filiation.

Tu fixes les mots dans la chair

tu ramènes l'ébullition au degré zéro —

    poudres ascendantes

    salives

    pluie claire venue nous ouvrir le front.

Un fin brouillard se lève dans ton sang.

Je t'attache aux vents les plus chauds

je maintiens chacun de tes membres noué avec
   une poignée de terre —

les grand flux remontent tes veines,

toutes les nuits prennent appui sur ta pupille.

Corps creux, corps pleins,
les passants glissent de nos rêves à nos vies
et y laissent les mêmes traces.

Une seule fleur dévale le nom de ceux que l'on
   rencontre.

Pilosité en approche

je te modèle l'âme par le muscle

j'opère à mains nues dans le corps et dans le sens —

je me coule dans le cobalt de tes veines: l'alchimie
    par les noeuds.

On se mêle aux orages

on fourmille

on ne se fie plus qu' à la parole perdue

celle qui butte aux parois

celle qui tombe à nos pieds

la langue frôle les particules du devenir —

on avance vers l'oeil adamique

on porte tous les objets rituels contre le corps

toutes les morsures —

on essuie les tempêtes

et l'on étaye l'histoire des peuples avec des fragments d'os.

Réapprendre à voir
glisser les arcanes derrière la rétine —
paix sur le pourtour de l'oeil
juste avant la concrétion de l'image.

On acclimate le corps
on casse l'arbre vertébral,
dynamitage simultané de la roche et de l'os —
silencieux on avance dans une forêt de lèvres

langue des bas voltages
le sismographe et le cerveau tracent la même courbe.

L'oeil sous l'emprise —

puis coup reçu

accélération du mouvement des fixes

un insecte broie la lumière en toi

tornade dans la cheville

arc électrique dans le fourreau des songes

il faut attendre qu'une main mêle l'eau et le sable

qu'une voix vienne des strates les plus enfouies de la terre

pour que la promesse puisse remonter

       le long de chacun de tes os.

Je souffle sur les braises

j'appelle les oiseaux aux armures —
chaque histoire se diffuse dans tes veines,
tu sens la radiation des noms et des lieux.

Visage contre visage

lent glissement d'histoire —

fusion de la joue

braquage des cerveaux

inclusion de langue mystique dans langue mystique —

vascularisation

enclenchement des mâchoires

clôture des pourtours

ouverture du sphinx des humeurs.

Je cours sur l'ombre

j'examine les corps et les roches par transparence

je coule dans les pores de ta peau des alliages en fusion

verbe et petite lymphe

extrémités d'étoiles.

Le ciel fractionne le pourpre

le rêve applique ses électrodes —

l'ordre de la chambre obscure nous dicte le cérémonial —

la douleur raconte l'histoire par la voie courbe

pour aller du talon au cortex

elle suit l'une des constellations externes de la connaissance.

Tu as attendu que tous les vents s'arrêtent

      pour te dissoudre en eux —

ce qui t'a nommé se tapit maintenant dans la faille
  la plus étroite —

coup de tonnerre

comme un pétale de coquelicot qui se retourne.

Pour te faire réapparaître

il nous faut maintenir notre mémoire plaquée à la
  surface de l'eau

à l'aide de nos mains.

Nous avons modifié l'axe des résistances:
perfusion par contact —

ton enfance tenait dans un triangle
le feu collé à ta cheville.

Je lis maintenant ton corps dans tes yeux —
la ligne d'horizon te sert de balancier —

grande nuit à marcher dans les pollens
à travailler sur les scarifications —
je trace sur toi un cadran solaire
mais rien ne cicatrise
midi ne se fixe plus à ton talon.

J'ouvre un à un

les noeuds de ton visage

je dénoue tes joues et tes yeux

je dénoue la corde de ta mâchoire

je pose ma main contre ta nuque

j'irrigue tes songes

je rectifie la découpe de la côte

je capte la substance calcique de l'idée

j'apaise les micro-fractures qui te couronnent.

Je modifie sans cesse le dosage des javelots.

Les grandes fleurs rapaces

s'ouvrent dans le testament du soir —

plus aucune colère ne nous atteint

mais la révolte a remplacé le sang dans nos veines.

Lignage des princes du désert

solitude des asiles —

il faut s'appliquer à réécrire chaque jour le même mot

le fixer sur le corps dans un lent travail d'aiguilles —

porter à vif les zones de névralgie

enfouies dans la masse la plus compacte du sommeil.

Ma bouche nomme chaque blessure

puis elle en épelle le nom pour en ralentir l'histoire —

lentement j'atteins la forme la plus éloignée du possible.

Descente par le sommeil dans les zones les plus basses,

là où la terre se nourrit d'elle-même —

long exercice du déploiement de soi

parfois l'on se souvient d'un minuscule volcan dans le bras —

on dévale les visages à pic

on rassemble les fractions

on mâche les organes.

Par l'écartement des lèvres

on trouve la mesure précise du vide.

Je suis remonté à la source de la floraison des toxiques

avec le combat pour seul cargaison —

j'ai traversé les siècles

j'ai coupé les grandes lignes d'acuité —

la chair ouverte

je suis entré dans le Bardo.

Ils glissent sous nos mains, agiles comme des lièvres —

ils nous accordent à nouveau les frissons de l'ouverture
 de la chasse,

ceux qui ont l'incarnation aussi flexible que l'extrémité
 de la langue.

The embassies of the void

No house is built, no map is drawn, where future loss
is not the cornerstone, nor is it in our works that the
imperishable part of us lives.

Ernst Jünger, On the Marble Cliffs

My works are but the ashes of my art.

Yves Klein

Distances are abolished
our brothers have plunged their gaze into the spring
the flower of the eye barely picked
with the fire in a single finger
pointed at the embassies of the void.

F.C., "The clay of the punks"

The same molecular diagram inscribed in the flesh
    of two distant beings

thin rhizomes from one to the other

aqueducts of meaning

flowerings

an entering into the stratosphere of the nerve
    and the smile —

then a crumpling of straw

a falling into the day —   devastation

and then nothing during several passages of the comet.

Then again: the rotation,

            the surge, the crossing of the forests —

the triangle reappears on your cheek

the vow, that had remained in the arrested part
    of your gesture,

                        repositions itself.

By the pressure of a finger on your eyelid

I guide your journey

all the seas toward the East

all the seas toward the West —

digital constellation

a fluid star in your veins

guides me toward the pole.

I have never leaned other than on dizziness:

cerebral short circuits, passing of the pollen beneath
  the wing of raptors,

outlines of destiny beneath the armpit —

the mandorla dilates and retracts in rhythm
  with your breath —

I call through the dream the billions of atoms
  of your shoulder —

the great quantum flower breathes you in,

the vibrant peace of the gardens surrounds you

and all unite in the same gesture.

I work with the red hot iron

on the bible of the lips —

doubt fertilizes doubt —

my life: a blade that I slide into the dread

an incision that I draw near to this fold

      just behind your ear.

You are a land so often named

that I now call you only by scarification.

You read the world on the skin of the fruit,
on the pulpy membrane of toxins

in the deepest silence you break the sound barrier

arms outstretched you enter a fog of bees

dance in weightlessness
you turn upon yourself
uterine choreography
the white Sabbath
then the first roses of the blood.

Speaking low
I reduce the combustion of the seed

I read the smoothed out time:
bandages applied against your skin,
a card drawn from each of your muscles.

Rooted in expectation
I remain for entire days
in front of the white enigma of the cherry tree —
my dreams perfectly soluble in the light,
the pain held in my hands like a bird.

The night is as dense at your neck as at your ankle

there are fires underground that consume the opposite —

sleep in the formula.

Knowledge manipulates with certainty our dizziness

radiations follow each other in the order of the scales

we use pseudonyms to progress in reality —

souls and bodies rotate at the height of our shoulders

slow motion of medusa —

all of the waterways, all of the currents of the world
  hurl themselves into my blood

each word spoken varies the very weft of my skin —

the promise like a mine in the substance of the look.

One by one the cells awaken in the quartz

birdsongs in your spinal chord —

I extract from the silence

long mineral columns —

reading of the quaternary and the salt on the sand,

oscillations of tiny magnetic wrinkles.

The eye and the night transmit on the same frequency —

a struggle in the cabling of the shoulder blades —

the worksites rise up

thoughts of the equinox and the trill of the lark

cross the threads —

the hail riddles the emblems and coats of arms —

the air gives us life only in spurts.

The path advances on itself

clenching of pupil

        landslide of eyelid

I see again the algebraic formula of pain

I quell this almost mechanical twisting that encircles our eye.

        Darkness beneath time —

the night, more than the air, inundates our lungs —

I know that one of your organs impedes knowledge

I speak at the height of your navel

I lessen the combustion, I lay my lips on the number

I open the filiation.

You fasten the words in the flesh

you return the boil to its degree zero —

      ascending powders

      salivas

      clear rain come to open the brow.

A fine mist rises in your blood.

I tie you up in the warmest winds

I keep each of your limbs knotted with a handful
  of earth —

the high tides roll up your veins,

each night leans on your pupil.

Hollow body, full body,
the passersby slip from our dreams into our lives
and leave behind the same tracks.

A single flower tumbles down the name of those we meet.

Pilosity on the approach

I model your soul on the muscle

I operate barehanded on the body and the meaning —

I steal into the cobalt of your veins: alchemy through
the knots.

We mingle with the storms

we swarm

we only trust the lost word

the one that bumps into walls

the one that falls at our feet

the tongue brushes the particles of becoming —

we advance towards the Adamic eye

we carry all the ritual objects against our body

all the bites —

we weather the storms

and we prop up the history of the people with
   fragments of bones.

Relearn how to see
slip the arcaneris behind the retina —
peace on the perimeter of the eye
just ahead of the concretion of the image.

We acclimate the body
we smash the vertebral tree,
dynamiting simultaneously the rock and the bone —
without a sound we move forward in a forest of lips

 low voltage language
 the seismograph and the brain trace the same curve.

The eye under the influence —
then blow received

acceleration of the movement of the unmoved
an insect grinds the light in you

tornado in the ankle
electric arc in the sheath of the dreams

we must wait for a hand to mix water and sand
for a voice to come from the sunken strata of the earth
so that the promise might climb back up
                    along each of your bones.

I blow on the coals

I call to the birds in armor —
each story spreads in your veins,
you feel the radiation of the names and the places.

Face against face

slow slide of history —

fusion of the cheek

robbery of the brains

incorporation of mystical tongue in mystical tongue —

vascularization

clenching of jaws

enclosing of the perimeters

opening of the sphinx of humors.

I run on the shadow

I examine the bodies and the rocks by transparency

I pour into the pores of your skin some alloys in fusion

verb and tiny lymph

extremities of stars.

The sky fractionates the purple

the dream applies its electrodes

the order of the dark room dictates the ceremonial —

the pain tells the story by the curved path

to go from the heel to the cortex

it follows one of the external constellations of knowledge.

You waited for all the winds to halt

   to dissolve yourself in them—

that which named you hides now in the narrowest of gaps —

thunderclap

like the petal of a poppy that turns on itself.

To make you reappear

we must maintain your memory laminated on the surface
   of the water

with the help of our hands.

We have modified the axis of resistances:
infusion by contact —

your youth was contained in a triangle
fire glued to your ankle.

I read now your body in your eyes —
the skyline acts as your pendulum —

full night of walking in the pollens
of working on the scarifications —
I trace on you a sundial
but nothing heals over
noon no longer attaches itself to your heel.

I open one by one

the knots of your face

I untie your cheeks and your eyes

I untie the rope of your jaw

I lay my hand on your nape

I irrigate your dreams

I correct the cut of the rib

I capture the calcium of thought

I soothe the micro-fractures that crown you.

I modify endlessly the dosage of the javelins.

The great rapacious flowers

open in the testament of the evening —

no single anger reaches us

but revolt has replaced the blood in our veins.

Lineage of the desert princes

solitude of asylums —

we must try to rewrite each day the same word

attach it to the body in a slow process of needles —

rub raw the zones of neuralgia

buried in the most compact mass of sleep.

My mouth names each wound

then spells out the name to slow down the story —

slowly I reach the form the furthest from the possible.

Descent by sleep into the lowest zones

there where the earth feeds on itself —

long practice of deployment of self

at times we remember a tiny volcano in the arm—

we rush down the sheer faces

we reassemble the fractions

we chew the organs.

By the opening of the lips

we find the precise measure of the void.

I ascended to the source of the blooming of the toxins

with the battle as sole cargo —

I traversed the centuries

I severed the wide lines of acuity —

flesh opened

I entered into the Bardo.

They slide beneath our hands, agile as jackrabbits —

they accord us again the thrill of the opening of the hunt,

the ones with an incarnation as flexible as the tip of the tongue.

Las embajadas del vacío

Ninguna casa ha sido construida, ningún mapa trazado, donde la pérdida futura no sea la piedra de base, y no es justo en nuestras obras donde pervive lo imperecedero de nosotros.

Ernst Jünger, *En los acantilados de mármoles*

Mis obras no son más que las cenizas de mi arte.

Yves Klein

Las distancias son abolidas
nuestros hermanos han hundido sus miradas en la fuente
la flor del ojo apenas cortada
con el fuego en un solo dedo
que señala hacia las embajadas del vacío.

F. C., *La arcilla de los pícaros*

El mismo diagrama molecular se inscribe en
  la carne de dos seres distantes

finos rizomas del uno al otro

acueductos del sentido

floraciones

entrada en la estratosfera del nervio y del sonreír —

luego arrugamientos de paja —

caída en el día —   saqueo

y más nada durante varios pasajes de cometa.

Después una vez más: la rotación,
                    el impulso, la travesía de los bosques —
el triángulo volvía aparecer sobre tu mejilla
en la parte última de tu gesto, el voto, que quedó
                    de nuevo se posiciona.

Por la presión de un dedo sobre tu párpado
guío tu viaje
todos los mares hacia el Este
todos los mares hacia el Oeste —

constelación digital
una estrella fluida en tus venas
me guía hacia el polo.

Nunca me he apoyado en otra parte que sobre el vértigo:

cortos-circuitos cerebrales, paso de polen bajo el
   ala de los rapaces,

trazas de los destinos bajo la axila —

la aureola se dilata y se retracta al ritmo de tu soplo —

llamo por el sueño lo miles de átomos de tu espalda—

la gran flor cuántica te respira,

la paz vibrante de los jardines te rodea

y todos se unen en el mismo gesto.

Trabajo el hierro rojo

en la biblia de los labios —

la duda fecunda la duda —

mi vida: una lámina que deslizo en el horror

una incisión que aproximo a este pliegue

situado detrás de tu oreja.

Tú eres una tierra tantas veces nombrada

que ahora no te llamo más que por escarificación.

Lees el mundo sobre la piel del fruto,
sobre la membrana pulposa de los tóxicos

en el más grande silencio franqueas el muro del sonido

los brazos tendidos entras en una bruma de abejas

danza en gravitación
giras sobre ti mismo
coreografía uterina
algazara blanca
después las primeras rosas de la sangre.

Hablando bajo
reduzco la combustión del germen

leo el tiempo aplanado:
vendas aplicadas sobre tu piel,
mapa hecho de cada uno de tus músculos.

Arraigado en la espera
me quedo días enteros
frente al enigma blanco del cerezo —
mis sueños perfectamente solubles en la luz,
el dolor entre mis manos como un pájaro.

La noche es tan densa a tu cuello como a tu tobillo

hay fuegos bajo la tierra que consumen lo inverso —

el sueño en la fórmula.

El conocimiento manipula sin azar nuestros vértigos

las radiaciones se suceden en el orden de la gama

utilizamos seudónimos para avanzar en lo real —

las almas y los cuerpos giran a la altura de nuestros hombros

lento movimientos de medusa —

todas la vías marinas, todas las corrientes del mundo
  se arrojan en mi sangre

cada palabra pronunciada hace variar incluso
  la trama de mi piel —

la promesa como una mina en la substancia de la mirada.

Una a una la células se despiertan en el cuarzo

cantos de pájaro en tu médula espinal —

extraigo del silencio

largas columnas minerales —

lectura del cuaternario y de la sal sobre la arena,

oscilaciones de las pequeñas arrugas magnéticas.

El ojo y la noche emiten sobre la misma frecuencia —

lucha en el cableado de los omoplatos —

las construcciones se erigen

los pensamientos de equinoccio y los trinos de las alondras

                              cruzan el hilo —

el granizo acribilla los lemas y los blasones —

el aire no nos da la vida que a golpes.

El camino avanza en el mismo

crispación de pupila

        derrumbamiento de párpado

vuelvo a ver escrita la fórmula algebraica del dolor

apaciguo esta torsión casi mecánica que nos cerca el ojo.

        lo negro bajo el tiempo —

la noche más que él aire inunda nuestros pulmones —

sé que uno de tus órganos bloquea el conocimiento

hablo a la altura de tu ombligo

reduzco la combustión, poso mis labios sobre la cifra

abro la filiación.

Fijas las palabras en la carne

llevas la ebullición al grado cero —

    polvos ascendentes

    salivas

    lluvia clara venida a abrirnos la frente.

Una fina bruma se levanta en tu sangre.

Te amarro a los vientos más cálidos

mantengo cada uno de tus miembros anudado con un
  puñado de tierra —

los grandes flujos suben a tus venas,

todas las noches toman apoyo sobre tu pupila.

Cuerpos ahuecados, cuerpos plenos,

los paseantes resbalan ante nuestros sueños ante
  nuestras vidas

y dejan las mismas huellas.

Una sola flor hace rodar el nombre de los que
  uno encuentra.

Pilosidad en cercanía

te modelo el alma por el músculo

opero con desnudas manos en el cuerpo y en los sentidos —

me derramo en el cobalto de tus venas: la alquimia
  por los nudos.

Nos mezclamos a los huracanes

hormigueamos

no confiamos más que en la palabra perdida

la que golpea en las paredes

la que cae a nuestros pies

la lengua roza las partículas del futuro —

avanzamos hacia el ojo adánico

cargamos con todos los objetos rituales contra el cuerpo

todas las dentelladas —

han limpiado las tempestades

y apuntalamos la historia de los pueblos con
    fragmentos de hueso.

Aprender de nuevo a ver
deslizarse los arcanos detrás de la retina —
paz sobre el contorno del ojo
justo antes la concreción de la imagen.

Aclimatamos el cuerpo
quebramos el árbol vertebral,
dinamitazo simultaneo de la roca y del hueso —
silenciosos avanzamos en un bosque de labios

    lengua de bajos voltajes
      sismógrafo y cerebro trazan la misma curva.

El ojo bajo el dominio —
después golpe recibido

aceleración del movimiento de los fijos
un insecto oscurece la luz en ti

tornado en el tobillo
arco eléctrico en la envoltura de los sueños

hay que esperar que una mano mezclada al agua y a la arena
que una voz venga de los estratos más hundidos de la tierra
para que la promesa pueda remontar
            a lo largo de cada uno de tus huesos.

Soplo sobre las brasas

llamo a los pájaros de las armaduras —
cada historia se difunde en tus venas,
sientes la radiación de los nombres y de los lugares.

Rostro contra rostro

lento deslizamiento de historia —

fusión de la mejilla

giro de los cerebros

inclusión de lengua mística en la lengua mística —

vascularización

enganche de las mandíbulas

clausura de los contornos

abertura del fénix de los humores.

Corro sobre la sombra

examino los cuerpos y las rocas por transparencia

ruedo en los poros de tu piel aleaciones en fusión

verbo y pequeña linfa

extremidades de estrellas.

El cielo fracciona el púrpura

el sueño aplica sus electrodos —

el orden del cuarto oscuro nos dicta el ceremonial —

el dolor cuenta la historia por la vía curva

para ir del talón al córtex

ella sigue una de las constelaciones externas del
  conocimiento.

Has esperado que todos los vientos se detengan

para disolverte en ellos —

el que te ha nombrado se agazapa ahora en la falla
  más estrecha —

golpe de trueno

como un pétalo de amapola que se voltea.

Para hacerte reaparecer

hay que mantener nuestra memoria pegada a la
  superficie del agua

con la ayuda de nuestras manos.

Hemos modificado el eje de las resistencias:
perfusión por contacto —

tu infancia resistía en un triángulo
el fuego pegado a tu tobillo.

Leo ahora tu cuerpo en tus ojos —
la línea del horizonte te sirve de balancín —

grande noche para marchar en los pólenes
a trabajar sobre la escarificaciones —
trazo sobre ti un cuadrante solar
pero nada cicatriza
el medio día no se fija más a tu talón.

Abro uno a uno

los nudos de tu rostro

desnudo tus mejillas y tus ojos

desnudo la cuerda de tu mandíbula

poso mi mano contra tu nuca

irrigo tus sueños

rectifico el recorte de la costilla

capto la substancia cálcica de la idea

apaciguo las micro-fracturas que te coronan.

Modifico sin descansar la dosificación de los venablos.

Las grandes flores rapaces

se abren en el testamento de la noche —

ninguna cólera nos alcanza más

pero la rebelión ha reemplazado la sangre en
  nuestras venas.

Linaje de los príncipes del desierto

soledad de los asilos —

es necesario aplicarse a reescribir cada día la misma
  palabra

fijarla sobre el cuerpo en un lento trabajo de agujas —

poner en vivo las zonas de neuralgia

enterradas en la más compacta masa del sueño.

Mi boca nombra cada herida

luego deletrea el nombre para moderar la historia —

lentamente alcanzo la forma más alejada de lo posible.

Descenso en el sueño por la zonas las más bajas,

allí donde la tierra se alimenta de ella misma —

largo ejercicio del desplegarse de sí

a veces nos acordamos de un minúsculo volcán en el brazo —

dejamos irse los rostros a pique

ensamblamos las fracciones

masticamos los órganos.

por la separación de los labios

encontramos la medida precisa del vacío.

He remontado el origen de la floración de los tóxicos

con el combate por sola carga —

atravesé los siglos

he contado las grandes líneas de agudeza —

la carne abierta

he entrado en el Bardo.

Ellos se deslizan bajo nuestras manos, ágiles como liebres —

ellos nos otorgan de nuevo los estremecimientos de la caza,

los que tienen la encarnación tan sensible como
la extremidad de la lengua.

Also by Francis Coffinet

Le corps s'occulte, Brandes, 1982

Instants, Brandes, 1984

D'air et de boue, Les Cahiers bleus, 1985

La terre et la tempe, bilingual edition, French and Bulgarian, translation by Nicolaï Kantchev, Les Cahiers bleus, 1992

Marche sur le continent en veille, bilingual edition, French and Romanian, translation by Horia Badescu, Les Cahiers bleus, 1998

Je t'ai construit dans la promesse, bilingual edition, French and English, translation by Patricia Nolan, Anagrammes, 1998

Je t'ai construit dans la promesse, new edition, L'oreille du Loup, 2011

Les Armes du silence, Éditions L. Mauguin, 1999

Épreuves chamaniques, Alidades, 2006

Les Fleuves du sixième sens, Dumerchez, 2006

Je suis allé au soufre natif, Zurfluh/Cahiers Bleus, 2009

Les Ambassades du vide, L'Oreille du Loup, 2010

Je t'ai construit dans la promesse, réédition: LADV, 2011

Bilingual and trilinqual editions by The Cricket Publisher of Aurora

Épreuves chamaniques, French-English, 2016

Les Fleuves du sixième sens, French-English, 2017

L'argile des voyous and J'incise le défi, French-English, 2017

Dans la stricte exigence du délice, French-English-Wolof, 2021

www.ingramcontent.com/pod-product-compliance
Lightning Source LLC
Chambersburg PA
CBHW030050100426
42734CB00038B/996